Volkert Vorwerk
**Schrottimmobilien –
Die Geschichte von einem,
der auszog, das Fürchten zu lernen**

Schriftenreihe
der
Juristischen Gesellschaft zu Berlin

Heft 186

W
DE
G
RECHT

De Gruyter Recht · Berlin

Schrottimmobilien –
Die Geschichte von einem,
der auszog, das Fürchten zu lernen

Von
Volkert Vorwerk

Vortrag,
gehalten vor der
Juristischen Gesellschaft zu Berlin
am 16. Juli 2008

De Gruyter Recht · Berlin

Professor Dr. *Volkert Vorwerk,*
Rechtsanwalt beim Bundesgerichtshof und Honorarprofessor
der Leibniz-Universität Hannover

Ⓧ Gedruckt auf säurefreiem Papier,
das die US-ANSI-Norm über Haltbarkeit erfüllt.

ISBN 978-3-89949-556-0

Bibliografische Information der Deutschen Nationalbibliothek

Die Deutsche Nationalbibliothek verzeichnet diese Publikation in der Deutschen
Nationalbibliografie; detaillierte bibliografische Daten sind im Internet über
http://dnb.d-nb.de abrufbar.

Printed in Germany

Satz: DTP Johanna Boy, Brennberg
Druck: Mercedes-Druck GmbH, Berlin
Buchbinderische Verarbeitung: Industriebuchbinderei Fuhrmann GmbH & Co. KG, Berlin

I.

Das Thema Schrottimmobilien versetzt uns zeitlich zunächst rund 15 Jahre zurück. Die Wiedervereinigung ist vollzogen. Aufbruchsstimmung durchzieht Deutschland: Die für die neuen Bundesländer aufgelegten Investitionsprogramme versprechen hohe Steuervorteile;[1] man muss nur in Immobilien investieren; und schon rechnet sich alles wie von selbst: Die Mieten finanzieren den Kapitaldienst. Bleibt dann noch ein Rest finanzieller Belastung, hilft das Finanzamt; so als wenn die Gemeinschaft nur darauf gewartet hätte, Steuerausfälle zu produzieren, um jedermann Reichtum zu bescheren.

In dieser, die Gesellschaft ergreifenden, Stimmung tüfteln unter dem großen Dach der gewerkschaftseigenen Beteiligungsgesellschaft für Gemeinwirtschaft AG[2] – bildlich gesprochen – einige Herren ein Konzept aus, über das bisher nicht veräußerbare Teile[3] der von der Neuen Heimat

---

* Der Verfasser ist Rechtsanwalt beim Bundesgerichtshof und Honorarprofessor der Leibniz – Universität Hannover. Der Beitrag beruht auf einem Vortrag, der am 16.7.2008 im Kammergericht auf Einladung der Juristischen Gesellschaft zu Berlin gehalten worden ist. Die Vortragsform wurde weitgehend beibehalten.

[1] Vgl. etwa das Gesetz zur Förderung von Investitionen und Schaffung von Arbeitsplätzen im Beitrittsgebiet sowie zur Änderung steuerrechtlicher und anderer Vorschriften v. 24.6.1991, BGBl. I 1322.

[2] Die Beteiligungsgesellschaft für Gemeinwirtschaft AG (BGAG) war die Beteiligungsgesellschaft, in der die deutschen Gewerkschaften ihre wirtschaftlichen Unternehmungen gebündelt hatten. Vgl. zur Beteiligung des Deutschen Gewerkschaftsbundes und der Einzelgewerkschaften an der BGAG und den verschachtelten Beteiligungsverhältnissen der BGAG an den einzelnen Unternehmen (u. a. Neue Heimat, Volksfürsorge, Coop) Kunz (Hrsg.), Die Akte Neue Heimat, Bd. I S. 409.

[3] In der Folge der wirtschaftlichen Krise der Neuen Heimat (Im Folgenden: NH) war ein Großteil des Wohnungsbestandes an die Bundesländer veräußert worden; in Niedersachsen hatte jedoch die Landesregierung einen Kauf der Wohnungen abgelehnt, wobei Grund dafür auch gewesen sein dürfte, daß die Regionalgesellschaft NH Niedersachsen, nach den Worten des Vorstandsvorsitzenden der ALLWO Joachim Tigges in einem im Jahre 1999 geführten Interview, zusammen mit der NH Bremen „... wohl die wirtschaftlich problematischste Gesellschaft der Neuen Heimat war." vgl. Kunz (Hrsg.), Die Akte Neue Heimat, Bd. I S. 348. Die Bewirtschaftung der Objekte war wegen der überwiegend nicht auf Marktniveau liegenden Mieten und der gestiegenen Kosten für den Kapitaldienst nicht kostendeckend, vgl. dazu den von der damaligen Bundesanstalt für Kreditwesen in Auftrag gegebenen Wirtschaftsprüferbericht der Wirtschaftsprüfergesellschaft Deloitte & Touche (Im Folgenden: DT), S. 10. Die Verluste, die der NH Niedersachsen aus der Bewirtschaftung der Wohnungen entstanden, wurden

als „Schrott" hinterlassene Immobilien vermarktet werden sollen. Das Konzept ist einfach gestrickt; in der Ausführung allerdings kompliziert verwoben.

In der ALLWO, einem Unternehmen, das 1988 zur Vermarktung von Wohnungen der Neuen Heimat gegründet worden war,[4] hatte die Beteiligungsgesellschaft für Gemeinwirtschaft AG einen Wohnungsbestand gebündelt, der in der Stimmung der Euphorie unter die Leute gebracht werden sollte.[5] Am Gesellschaftskapital der ALLWO war – im Jahr der Gründung – die Badenia Bausparkasse (nachfolgend: Badenia) mit Sitz in Karlsruhe zu 30 % beteiligt.[6] Der Vertrieb der in der ALLWO gebündelten Wohnungen über die „Schiene" der Badenia versprach doppelten Nutzen. Man konnte die Immobilien zu Geld machen[7] und zugleich das Bauspargeschäft ankurbeln. Der bauliche Zustand der Wohnungen[8]

---

daher durch Zuschüsse des Landes Niedersachsen in Höhe von jährlich 7,5 Mio. DM ausgeglichen, vgl. dazu die Finanzierungszusage v. 25.8.1988 des damaligen niedersächsischen Sozialministers Schnipkoweit, abgedruckt bei Kunz (Hrsg.), Die Akte Neue Heimat, Bd. II S. 975.

[4] Vgl. Kunz (Hrsg.), Die Akte Neue Heimat, Bd. I S. 452. Vgl. auch die graphische Darstellung der Beteiligungsverhältnisse an der ALLWO in den Folgejahren a.a.O. S. 417 ff.

[5] Ein wesentliches Motiv für den Erwerb der Wohnungen, das auch stets in den Verkaufsgesprächen im Vertrieb im Vordergrund stand, war die Steuerersparnis, die die Erwerber durch den Kauf der Eigentumswohnungen erzielen konnten. § 7b EStG erlaubte den Erwerbern einer Eigentumswohnung, abweichend von den allgemeinen Regeln zur steuerlichen Abschreibung von Immobilien, in den ersten 8 Jahren nach der Anschaffung der Wohnung jährlich 5 % der Anschaffungskosten von der Steuer abzusetzen. Diese unmittelbar nach dem Krieg zur Wohnungsbauförderung in das Gesetz eingefügte Vorschrift, vgl. dazu Graß/Herbertz, EStG, 1950, II. zu § 7b EStG, hat inzwischen keine aktuelle Bedeutung mehr, da der Begünstigungszeitraum der Vorschrift in ihrer aktuellen Fassung spätestens 1993 ausgelaufen ist, vgl. dazu Schmidt/Kulosa, EStG, Rdnr. 1 zu § 7b EStG.

[6] Vgl. Fn. 4; vgl. auch DT, S. 10.

[7] Nach internen Angaben der Badenia im von der damaligen Bundesanstalt für Kreditwesen (Im Folgenden: BaKred) in Auftrag gegebene Wirtschaftsprüferbericht der Wirtschaftsprüfergesellschaft Deloitte & Touche (DT, S. 10 und Anlage 4.1 Nr. 1 Blatt 2) hatte sich die Badenia gegenüber der ALLWO vertraglich verpflichtet, für den Vertrieb der Wohnungen zu sorgen. Die Beteiligung der Badenia an der ALLWO war ausdrücklich mit dem Ziel erfolgt, andere Bausparkassen vom Geschäft mit Bauspardarlehen für den Erwerb der ALLWO – Wohnungen auszuschließen, vgl. dazu DT, Anlage 4.1 Nr. 2).

[8] Der frühere Geschäftsführer der NH Niedersachsen Nietfeld führt dazu in einem 1999 geführten Interview aus: „Man muß wissen, daß in der Krisenzeit des NH – Konzerns , also insbesondere in den Jahren 1982 bis 1987 so gut wie keine

und der Leerstand in den Gebäuden[9] verboten es allerdings, die Immobilien einem kritischen Käuferkreis anzubieten. Höchstmöglichen Gewinn versprach vielmehr der Verkauf an viele Einzelanleger, die über Immobilienanlagen keine Kenntnisse hatten und deshalb leichter zum Kauf zu überreden waren. Die Umwandlung des Immobilienvermögens in Eigentumswohnungen und die Beratung der künftigen Erwerber in deren eigenen vier Wänden unter Vorlage nicht allzu aussagekräftiger Prospekte[10] versprach deshalb den besten Verkaufserfolg. Die hohe Zahl der zu vertreibenden Wohnungen und das Ziel, binnen kurzer Frist eine große Zahl von Wohnungen zu vertreiben, machten es allerdings notwendig, auf einen professionellen Strukturvertrieb zurückzugreifen. Jenen Strukturvertrieb fanden die ALLWO und die Badenia in der Zusammenarbeit mit der Heinen & Biege Gruppe,[11] die für den Vertrieb der Eigentumswohnungen und die Vermittlung der Finanzierung alsdann eine hohe Zahl eigener Vertriebsmitarbeiter und darüber hinaus rund 250 externe Kooperationspartner eingeschaltet hat.[12]

Um den Vertrieb wirkungsvoll zu gestalten, mussten dem Vertrieb hohe Provisionen versprochen werden. Nach dem von der Badenia bis 2007 unbestrittenen Vortrag der Erwerber belief sich die Vertriebsprovision auf jedenfalls 22 % des Kaufpreises.[13] Hätte man die Höhe jener Provisionen

---

substanzerhaltenden oder –verbessernden Maßnahmen durchgeführt wurden.",
abgedruckt bei Kunz (Hrsg.), Die Akte Neue Heimat, Bd. I S. 357.

[9] Vgl. dazu die Übersicht über den Leerstand in den Gebäuden der Neuen Heimat, Kunz (Hrsg.), Die Akte Neue Heimat, 2003, Bd. I S. 444. Danach standen bereits 1982 allein in Hannover und Braunschweig jeweils über 100 Wohneinheiten leer, in Oldenburg und Winsen/Luhe jeweils zwischen 50 und 100 Wohneinheiten.

[10] Vgl. dazu eine Verkaufsmappe der Vertriebsfirma Heinen & Biege aus dem Jahr 1996, die im Internet unter http://www.immoschaden.de/index.htm?/objektliste-heinen-biege.shtm abrufbar ist.

[11] Vgl. zur Untergliederung der Heinen & Biege Gruppe in diverse Einzelgesellschaften um die Herren Uwe Heinen und Laurenz Biege das Schaubild DT, S. 12. Die Entwicklung der Struktur der Gruppe im Zeitablauf haben auch die Wirtschaftsprüfer nicht mehr im Detail nachvollziehen können, DT, S. 11.

[12] Im Wirtschaftsprüferbericht ist lediglich von „einer Vielzahl rechtlich selbständiger Vermittler" die Rede, DT, S. 34. In den Verfahren XI ZR 570/07, XI ZR 419/07, XI ZR 572/07, die hier exemplarisch genannt sind, ist dies nicht bestritten worden.

[13] Das ehemalige Vorstandsmitglied der Badenia, A., hat in seiner Vernehmung vor dem Landgericht Bochum Vertriebsprovisionen von bis zu 22 % als üblich bezeichnet, Protokoll der mündlichen Verhandlung vom 30.1.2007 im Verfahren vor dem LG Bochum, 1 O 643/04, S. 10. Teilweise wurden sogar

den Erwerbern offenbart, hätten die Erwerber allerdings in Scharen vom Erwerb Abstand genommen. In Sitzungen, an denen Vertreter der ALL-WO, der Badenia und des Vertriebs, also Heinen & Biege, teilnahmen, einigte man sich – so der Vortrag der Erwerber – deshalb, die Höhe der Provision, die der Vertrieb erhalten sollte, nicht voll aufzudecken. Als Provision sollte vielmehr nur eine Finanzierungsvermittlungsprovision in Höhe von rund 2 % und eine Vermittlungscourtage für das Objekt in Höhe von rund 3,5 % ausgewiesen werden.[14] Den Rest versteckte man als sog. Innenprovision im Kaufpreis selbst.[15]

Da nach dem Vertriebskonzept unkritische Kapitalanleger zu finden waren, war von vornherein klar, dass man Erwerber in den unteren und allenfalls mittleren Einkommensschichten suchen musste.[16] Da jener Zielgruppe keine hohen Beträge zur Verfügung standen, um den Kapitaldienst zu bedienen, ersann die Badenia ein von der bisherigen Bausparfinanzierung abweichendes Finanzierungskonzept, das in der Rechtsprechung als sog. Dortmunder Modell bekannt geworden ist.[17]

Jenes Modell sah die Finanzierung des Erwerbs und der Erwerbsnebenkosten ohne jeden Eigenkapitalanteil durch Gewährung eines Vorausdarlehens vor, über das nicht nur der Erwerbspreis einschließlich

---

noch deutlich höhere Provisionen gezahlt. Das vom BaKred in Auftrag gegebene Wirtschaftsprüfergutachten spricht von Provisionen, die 30 % des Kaufpreises überschritten haben, DT, S. 40. Angesichts dessen ist offen, ob das nach 2007 erfolgte Bestreiten der Badenia i.S.v. § 138 Abs. 1 und 2 ZPO erheblich ist.

[14] Diese Angabe zur Höhe der Provision war in dem, in nahezu allen Fällen verwandten, „Objekt- und Finanzierungsvermittlungsauftrag" enthalten, vgl. etwa im Verfahren XI ZR 570/07(AH zu Blatt 1 ff, Bd. II, Anlage D 5); sh. zum Vergleich zwischen in den Verkaufsunterlagen angegebener und tatsächlich geleisteter Provision auch DT, S. 38 f.

[15] Vgl. dazu die Darstellung im vom BaKred in Auftrag gegebenen Wirtschaftsprüfergutachten, DT, S. 38 ff, die die Verwendung der Finanzierungssumme und die sich aus ihr ergebende Höhe der Innenprovision anhand eines exemplarischen Einzelfalls erläutert.

[16] Vgl. dazu den zum internen Gebrauch bestimmten, als „Vertriebsinfo" betitelten, Prospekt der Fa. Heinen und Biege, der unter http://www.immoschaden. de/index.htm?/objektliste-heinen-biege im Internet veröffentlicht ist. Dort ist auf S. 2 ausdrücklich aufgeführt, daß das „Dortmunder Modell" kleinen und mittleren Einkommen die Finanzierung ermöglicht. Teilweise wurden sogar Erwerber, die sich in einer engen finanziellen Situation befanden, durch Auszahlung eines „Erwerbskostenzuschusses" zum Abschluß des Kauf- und des Darlehensvertrages bewogen, vgl. DT, S. 39.

[17] Vgl. zum Begriff BGH, Urt. v. 10.11.2006 – V ZR 73/06, Umdruck S. 3; Beschl. v. 15.5.2008 – V ZR 178/07, Umdruck S. 2.

der darin enthaltenen Innenprovision, sondern auch die gesamten Erwerbsnebenkosten finanziert wurden.[18] Das Vorausdarlehen selbst war durch zwei etwa gleich hohe, zeitgleich mit dem Erwerb der Eigentumswohnung abzuschließende Bausparverträge zu tilgen; wobei die Bausparverträge nacheinander anzusparen waren.[19] Da die Erwerber im Rahmen des verfügbaren Einkommens kaum freie Ressourcen hatten, waren die Bausparraten, mit denen der erste Bausparvertrag zu bedienen war, in der Anfangsphase sehr niedrig bemessen. Folge einerseits davon war, dass der Strukturvertrieb den Anlegern vorgaukeln konnte, die finanzielle Belastung sei vom Anleger trotz niedrigen Einkommens zu tragen. Andererseits war Folge der künstlich niedrig gehaltenen Bausparrate, dass der erste Bausparvertrag erst nach Ablauf von 12 Jahren zuteilungsreif war. Es waren also 12 Jahre Tilgungsraten zu leisten, um 40 % der Bausparsumme anzusammeln. War nach Ablauf von 12 Jahren der erste Bausparvertrag zuteilungsreif, war die erste Hälfte des Vorausdarlehens, dessen anfängliche Zinslast in vielen Fällen künstlich niedrig gehalten war,[20] mit dem angesparten Bausparguthaben und dem dann zuteilungsreifen Bauspardarlehen abzulösen.

Es sollten im Anschluss daran weitere rund acht Jahre Ansparzeit folgen, um die Zuteilungsreife für den zweiten Bausparvertrag zu erreichen. Während der Ansparzeit auf den zweiten Bausparvertrag waren nunmehr hohe Bausparleistungen auf den ersten und auf den zweiten Bausparvertrag zu leisten. Diese Bausparleistungen waren zwar im Darlehensvertrag ausgewiesen.[21] Die Berechnungen der Vermittler vor Ort, die man gemeinhin als Finanzierungsberatung bezeichnet, haben diese hohen Bausparleistungen jedoch durchweg nicht berücksichtigt. In die Berechnungen war lediglich die anfänglich niedrige Zinsleistung auf das Vorausdarlehen und – wie schon erwähnt – die anfangs niedrige Bausparrate auf den ersten Bausparvertrag eingeflossen.[22] Die höheren

---

[18] Vgl. dazu wiederum die in DT, S. 38 ff. beispielhaft wiedergegebene Finanzierungsberechnung eines konkreten, von der Badenia finanzierten Immobilienkaufvertrags.

[19] Vgl. die Darstellung des Finanzierungsmodells in DT, S. 36 ff.

[20] Vgl. dazu DT, S. 41 f. Diese Zinssubventionen wurden weder im Darlehensvertrag noch in anderen Unterlagen gegenüber den Darlehensnehmern ausgewiesen, DT, S. 42.

[21] Vgl. etwa den Darlehensvertrag, der exemplarisch dem vom BaKred in Auftrag gegebenen Wirtschaftsprüfergutachten als Anlage 4.2.Nr. 13 beigefügt ist, dort Blatt 2.

[22] Vgl. dazu auch die Darstellung in KG, Urt. v. 9.1.2008 – 24 U 100/06, Umdruck S. 12. Das Kammergericht führt dazu aus, es sei „[...] unschädlich,

Sparleistungen in der Zeit nach Zuteilung des ersten Bausparvertrages, in der zusätzlich noch die alsdann nicht mehr subventionierten Zinsen[23] auf die noch nicht getilgte Hälfte des Vorausdarlehens anfielen und darüber hinaus der zweite Bausparvertrag anzusparen war, blieben in den Berechnungsmodellen völlig unberücksichtigt. War der zweite Bausparvertrag nach etwa 20 Jahren nach Abschluss des Bausparvertrages zuteilungsreif, war mit ihm die zweite Hälfte des Vorausdarlehens abzulösen, um im Anschluss daran beide Bauspardarlehen über weitere rund 15 Jahre weiter zu bedienen.

II.

Kurzum: Konzipiert war die Finanzierung wegen der unzureichenden Offenlegung der hohen Bausparleistungen nach Ablauf von 12 Jahren und der dann zusätzlich weiter zu zahlenden Zinsen auf den nicht abgelösten Teil des Vorausdarlehens in den den Erwerbern vorgelegten Berechnungsunterlagen als Schuldenfalle.[24] Das gilt zudem deshalb, weil die Zahlungen auf das Vorausdarlehen und die Bausparverträge von den

---

dass der Vermittler im Besuchsbericht lediglich die Belastungen für die ersten beiden Jahre vorgerechnet hat. […] Dass die Kläger wegen der Belastungen nach Ablauf der Zinsbindung Nachfrage gehalten hätten, haben sie nicht vorgebracht. […] Im Übrigen betreffen selbst fehlerhafte Angaben zu monatlichen Belastungen nicht den Darlehensvertrag, sondern die außerhalb des Pflichtenkreises der Bank liegende Rentabilität des Anlagegeschäfts, so dass dies erst recht für unterbliebene und auch nicht erbetene Angaben gelten muss.", KG, a.a.O., Umdruck S. 12. Ein Strukturvertriebsunternehmen hat sogar ein Formular für die Besuchsberichte verwendet, in denen die höheren Ansparraten nicht erwähnt wurden; vgl. dazu den von der Badenia Bausparkasse zur Abschätzung des wirtschaftlichen Risikos in Auftrag gegebenen Wirtschaftsprüferbericht der PWC Deutsche Revision AG vom 22.8.2002 (Im Folgenden: PWC), S. 36.

[23] Vgl. Fn. 20.

[24] Vgl. etwa KG, Urt. v. 9.1.2008 – 24 U 100/06, Umdruck S. 14. Dort führt das Kammergericht wörtlich aus: „Zwar mag es für den Laien nicht ganz einfach sein, die monatlich zu leistenden Beiträge in den einzelnen Finanzierungsphasen im Einzelnen zu berechnen, zumal die Zinsen für das Vorausdarlehen nach Ablauf der Zinsbindungsfrist nicht feststehen. Insoweit wäre es aber Aufgabe der Kläger gewesen, sich durch weitere Nachfrage bei [der Badenia oder der Vorausdarlehensgeberin] oder – wie es ihnen in den Risikohinweisen geraten wurde – bei einem Steuerberater oder Finanzfachmann sachkundig zu machen." Das strukturelle Ungleichgewicht lässt sich nicht deutlicher formulieren.

Erwerbern, die aus der Gruppe der Erwerbstätigen im Alter etwa zwischen etwa 25 und 50 Jahren angesprochen wurden, praktisch lebenslang zu leisten waren.

Die hohen Vertriebsprovisionen und die darüber hinaus noch zu zahlenden Erwerbsnebenkosten trieben die Höhe der Darlehen weit über den Verkehrswert der jeweiligen Wohnung hinaus.[25] Das hatte zugleich zur Folge, dass die Erwerber an einen Verkauf der erworbenen Wohnung zur Minderung der Schuldenlast nicht denken konnten. Beigetragen hat dazu auch, dass Erwerbern, die über sehr geringe Einkommen verfügt haben, nur Miteigentumsanteile an der jeweiligen Wohnung veräußert wurden[26] und jeweils grundbuchfest vereinbart worden war, dass die Auflösung der Gemeinschaft der Miteigentümer, die sich untereinander überhaupt nicht kannten, ausgeschlossen sei.[27]

Zur Schuldenfalle wurde das Finanzierungskonzept aber auch deshalb, weil geringste Schwankungen im Einkommen oder der Steuerlast der

---

[25] Vgl. dazu etwa den Sachverhalt, der der Entscheidung des XI. Senats vom 20.5.2003 – XI ZR 248/02, WM 2003, 1370 zugrunde lag: Einer Darlehenssumme von 102.000 DM zum Erwerb einer Wohnung zum Gesamtkaufpreis von rd. 84.000 DM stand ein Verkehrswert der Wohnung von 38.000 DM gegenüber; die sittenwidrige Überhöhung des Kaufpreises hat der Bundesgerichtshof verneint, weil er vom Verkaufspreis der Wohnung noch den Verkaufspreis der für rd. 14.000 DM erworbenen Garage abgezogen hat. Dass der Badenia die extreme Überhöhung der zur Erwerbsfinanzierung aufgenommenen Darlehenssummen gegenüber dem Verkehrswert der finanzierten Wohnungen auch bekannt war, zeigt sich an der internen Beleihungswertermittlung. In den Fällen, in denen der Beleihungswertermittlung ein Sachverständigengutachten vorausging, wurden die vom Sachverständigen ermittelten Verkehrswerte „angehoben", um den Beleihungswert so festsetzen zu können, dass den gesetzlichen Anforderungen an die grundpfandrechtliche Absicherung des Bausspardarlehens formal genüge getan war, vgl. dazu DT, S. 44 ff. Kam es zur Fälligstellung der Kredite wurde die persönliche Haftung, der sich die Kläger formularmäßig zu unterwerfen hatten, stets in Anspruch genommen, weil die Inanspruchnahme der Grundpfandrechte bei weitem nicht ausreichte, um den aufgenommenen Kredit zu sichern, vgl. BGH, Urt. v. 26.9.2006 – XI ZR 358/04, ZGS 2007, 26; Urt. v. 19.9.2006 – XI ZR 204/04, WM 2006, 2343; Urt. v.38.10.2003 – XI ZR 263/02, WM 2003, 2410. Der Bundesgerichtshof hat eine Aufklärung über die eigene Verkehrswertermittlung der Badenia nicht für rechtlich geboten erachtet; vgl. dazu Fn. 55.

[26] Vgl. dazu etwa den Sachverhalt, der dem Urteil des BGH v. 19.12.2006 – XI ZR 192/04, Umdruck S. 2 zugrunde liegt; vgl. zur sog. „Partnerimmobilie" auch DT, S. 43.

[27] Vgl. dazu den im Verfahren vor dem Bundesgerichtshof XI ZR 98/07 vorgelegten Kaufvertrag.

Erwerber das ganze Finanzierungskonzept schon in der Ansparphase des ersten Bausparvertrages zusammenstürzen ließen. Blieben Mieteinnahmen aus oder konnten die Erwerber nicht die Mieten erzielen, die ihnen bei den Gesprächen vom Strukturvertrieb versprochen worden waren, war der finanzielle Ruin der Erwerber vorprogrammiert. Das galt und gilt selbst für den Fall, dass die eigene Wohnung gut hatte vermietet werden können. Durch den Darlehensvertrag, den die Badenia - sofern sie das Vorausdarlehen nicht selbst gewährte - zugleich im Namen der Vorausdarlehensgeber schloss, waren die Erwerber verpflichtet, einem Mietpool beizutreten. Leerstand bei anderen Erwerbern, die Mitglied im selben Mietpool waren, fraß die über die eigene Wohnung erwirtschafteten Mieterträge deshalb auf, so dass auch für denjenigen der Ruin vorprogrammiert war, der durch Eigeninitiative den Versuch unternahm, Mieterträge zu generieren.

So wie es abzusehen war, hat sich die Schuldenfalle für die Erwerber dann auch verwirklicht: Der im Auftrag des Bundesaufsichtsamtes für das Kreditwesen erstellte Wirtschaftsprüferbericht kommt zu dem Ergebnis, dass die Badenia selbst Vorausdarlehen über rund 370 Mio. DM gewährt hat, die von der Heinen & Biege Gruppe vermittelt worden sind. Davon sind, so der Wirtschaftsprüferbericht, rund 300 Mio. DM risikobelastet. Das entspricht einem Anteil von etwa 80 % des Gesamtvolumens der von der Badenia ausgereichten Vorausdarlehen.[28] Für die von den beiden anderen Banken, die mit der Badenia und der Heinen & Biege Gruppe im Anschluss daran zusammengearbeitet haben, ebenfalls gewährten Vorausdarlehen wird nichts anderes gelten. Auch jene Vorausdarlehen sind denselben Bevölkerungsgruppen und Einkommensschichten gewährt worden, wie die Vorausdarlehen, die die Badenia ausgereicht hat. Man kann deshalb davon ausgehen, dass rund 80 % aller Erwerber schon heute in die erläuterte Schuldenfalle geraten sind.

Die Zahl der Menschen, die im Rahmen der Geschäfte der Badenia durch Erwerb einer Schrottimmobilie vom wirtschaftlichen Ruin bedroht sind, ist nicht genau bekannt. Bekannt ist allerdings, dass die ALLWO rund 4.000 Wohnungen über das Vertriebssystem, von dem ich berichtet habe, vermarktet haben soll.[29] Heinen & Biege hat in Zusammenarbeit mit der Badenia nach dem Muster der Vermarktung von ALLWO-Wohnungen aber auch Immobilien anderer Wohnungsgesellschaften und Bauträger vertrieben. Der vom Bundesaufsichtsamt für Kreditwesen veranlasste

---

[28] DT, S. 81.

[29] Vgl. BGH, Urt. v. 16.05.2006 – XI ZR 48/04, Tz. 58, Umdruck S. 33; DT, S. 11.

Wirtschaftsprüferbericht spricht von 6.905 Erwerbsfinanzierungen, die ein Volumen von knapp 1 Mrd. DM erreicht haben.[30] Wie schon erläutert, hat die Badenia Bausparkasse selbst etwa 1/3 der Erwerbsfinanzierungen mit eigenen Vorausdarlehen unterlegt. Die restlichen Vorausdarlehen haben zu etwa 1/3 die Landesbank Baden-Württemberg und zu einem weiteren nicht unbeträchtlichen Teil die frühere Bank für Gemeinwirtschaft gewährt,[31] die – wie man weiß - inzwischen nach Verkauf an eine schwedische Bankengruppe in SEB umbenannt worden ist.[32]

III.

Der Untertitel dieses Referats lautet: „Die Geschichte von einem, der auszog, das Fürchten zu lernen". Im Bild, das der Untertitel zeichnet, werde ich daher in der Betrachtung fortfahren.

Geht man davon aus, dass hinter jeder der 6.905 Erwerbsfinanzierungen eine vier-köpfige Familie steht, ist der wirtschaftliche Ruin eines Teils der Bevölkerung absehbar, der die Größe einer mittelgroßen Stadt ausmacht. Vermögen, das auf dem regulären Markt nicht mehr hat zu Geld gemacht werden können,[33] ist zu Geld gemacht worden. Den Preis dafür zahlen, legen wir die rund 4.000 von der ALLWO veräußerten Wohnungen zugrunde, 4.000 Familien oder rund 16.000 Menschen mit dem Verlust ihrer wirtschaftlichen Unabhängigkeit.

Dem Wanderer, der auszog, das Fürchten zu lernen, war zwar nicht wohl, als er das alles hörte und in der ersten Nacht unter dem Galgen einschlief. Er fürchtete sich jedoch nicht. Er träumte vom Verbraucherschutzrecht und es erschien ihm im Anschluss daran der 89. Band der Amtlichen Sammlung des Bundesverfassungsgerichts. Darin blätterte er und las auf den Seiten 232 und 233, dass die Zivilrechtsordnung reagieren und Korrekturen vornehmen muss, wenn typisierbare Fallgestaltungen eine strukturelle Unterlegenheit eines Vertragsteils erkennen ließen. Dies folge aus der Gewährleistung der Privatautonomie und des Sozialstaatsprinzips. Aufgabe der Fachgerichte sei es daher, ggf. auch über die Generalnormen des Privatrechts, also etwa die des § 138 BGB oder des § 242 BGB, jene

---

[30] DT, S. 21.

[31] DT, S. 21. Die SEB hat danach Vorfinanzierungen in Höhe von rund 247 Mio. DM und die LBBW in Höhe von rd. 316 Mio. DM übernommen.

[32] Vgl. Wikipedia, Bank für Gemeinwirtschaft.

[33] Sh. Fn. 3.

strukturellen Ungleichgewichte auszugleichen, wenn sich der Ausgleich nicht über die jeweiligen Spezialnormen des Privatrechts herbeiführen lässt.[34]

Nach jener Lektüre schlief der Wanderer tief und fest dem Morgen entgegen. Er wusste, dass ihm nichts passieren könne. Er musste nur auf diejenigen vertrauen, die berufen sind, Recht zu sprechen. Dies ist allerdings nur der Glaube, den das Märchen vermittelt. Die Wirklichkeit hat in Sachen Schrottimmobilien einen anderen Lauf genommen.

Der Zivilprozess wird vom Beibringungsgrundsatz beherrscht. Der Richter kann - das ist unbenommen – nur dann den Sachverhalt voll erfassen und auf der Grundlage dieses Sachverhalts Recht sprechen, wenn ihm jener Lebenssachverhalt auch unterbreitet wird. Der vom Bundesaufsichtsamt für das Kreditwesen in Auftrag gegebene Wirtschaftsprüferbericht, der das Finanzierungsgeschäft der Badenia und deren Zusammenarbeit mit der Heinen & Biege Gruppe beleuchtet, lag erst Ende 2001 vor.[35] Die Dimension des Finanzierungsvolumens und die Zahl der von der Zusammenarbeit zwischen der Badenia und der Heinen & Biege Gruppe in den wirtschaftlichen Ruin getriebenen Erwerber war gegen Ende der 90er Jahre deshalb noch nicht in allen Einzelheiten absehbar. Klar war allerdings schon zu dieser Zeit, dass weit über tausend Rechtsstreitigkeiten, über die Bundesrepublik verstreut, bei den Landgerichten anhängig waren, die den Vertrieb von Schrottimmobilien unter federführender Finanzierung der Badenia betrafen. Klar war auch, dass der Vertrieb der Eigentumswohnungen und die Vermittlung der Finanzierung stets „nach demselben Muster gestrickt" waren. Dennoch gab es keine Initiative der Politik oder der Rechtsprechung, die Masse der Verfahren mit dem Ziel zu kanalisieren, das Wissen der Betroffenen

---

[34] Ähnlich hat das Bundesverfassungsgericht bereits im Urteil vom 7.2.1990 – 1 BvR 26/84, BVerfGE 81, 242, 255 entschieden. Dort heißt es „[...] Privatautonomie ... [setzt voraus], daß auch die Bedingungen freier Selbstbestimmung tatsächlich gegeben sind. Hat einer der Vertragsteile ein so starkes Übergewicht, daß er vertragliche Regelungen faktisch einseitig setzen kann, bewirkt dies für den anderen Vertragsbestandteil Fremdbestimmung. Wo es an einem annähernden Kräftegleichgewicht der Beteiligten fehlt, [...] müssen staatliche Regelungen ausgleichend eingreifen, um den Grundrechtsschutz zu sichern. [...] Selbst wenn der Gesetzgeber davon absieht, zwingendes Vertragsrecht für bestimmte Lebensbereiche oder für spezielle Vertragsformen zu schaffen, bedeutet das keineswegs, daß die Vertragspraxis dem freien Spiel der Kräfte unbegrenzt ausgesetzt wäre. Vielmehr greifen dann ergänzend solche zivilrechtlichen Generalklauseln ein, die als Übermaßverbote wirken, vor allem die §§ 138, 242, 315 BGB."
[35] Er trägt das Datum vom 11. November 2001, DT, S. 146.

zu sammeln, und die Verfahren prozessökonomisch zu bündeln. Erst Jahre später hat es einen entsprechenden Vorstoß in der Rechtsprechung und der Politik gegeben; allerdings nicht im Rahmen des Vertriebs von Schrottimmobilien, sondern aufgrund des Telekom-Verfahrens.[36] Dort hat man erkannt,[37] dass ein Massenphänomen, kommt es zu streitiger Auseinandersetzung vor Gericht, eigener Verfahrensregeln bedarf, um Prozessökonomie und Gerechtigkeit miteinander in Einklang zu bringen.[38] Das Kapitalanleger - Musterverfahrensgesetz[39] stellt ein solches Verfahren bereit, das Ungleichgewichte, die auch durch die Art der prozessualen Vertretung einzelner Kläger und den Umfang des Wissens einzelner Kläger über die anspruchsbegründenden Tatsachen[40] entstehen, ausgleicht und damit zugleich dafür Sorge trägt, dass gleiche Sachverhalte auch identischer rechtlicher Beurteilung zugeführt werden. In Sachen Schrottimmobilien haben wir demgegenüber eine Vielfalt rechtlicher Lösungen und Wertungen erlebt.

Wenden wir uns nun den Anwälten zu: Zutreffend ist, dass die Anwälte, die als sog. Verbraucheranwälte die Interessen der Erwerber wahrgenommen haben, zu Beginn der Prozessserie, die sich gegen die ALLWO, die Badenia und einzelne Vertriebsgesellschaften gerichtet hat, nicht über die Erkenntnisse verfügt haben, die heute nach Durchführung von Beweisaufnahmen[41] vorliegen. Es ist auch zutreffend, dass Fehler in

---

[36] Vgl. zur Darstellung des Telekom – Verfahrens Duve/Pfitzner, BB 2005, 673; Koch, BRAK-Mitt. 2005, 159; Plaßmeier, NZG 2005, 609. Als Vorteil für die Idee, Verfahren zu bündeln, erwies sich dort, dass für die Prospekthaftung, auf die die Ansprüche der Anleger gestützt wurden, in § 48 BörsG a.F. ein besonderer Gerichtsstand am Sitz der Börse vorgesehen war. Dies führte dazu, dass das Landgericht Frankfurt a. M., und dort die Kammer für Handelssachen, für die über 2.000 Verfahren mit über 17.000 Klägern allein zuständig war.

[37] Die Möglichkeit, im Telekom – Prozeß einzelne „Musterverfahren" vorab zu entscheiden, war bereits vor Erlass der speziellen gesetzlichen Regelungen vom Landgericht Frankfurt als geeignete Maßnahme erkannt worden, der Verfahrensflut Herr zu werden und ist vom Bundesverfassungsgericht als solche auch grundsätzlich gebilligt worden, vgl. BVerfG, Beschl. v. 27.07.2004 – 1 BvR 1196/04, WM 2004, 1777.

[38] Vgl. dazu Vorwerk in NJW – Sonderheft 3. Hannoveraner ZPO – Symposion 8.Oktober 2005, 35 ff.

[39] Gesetz über Musterverfahren in kapitalmarktrechtlichen Streitigkeiten v. 16.5.2005, BGBl. I 2437.

[40] Vgl. zu den anspruchsbegründenden Tatsachen im Sinne des KapMuG Vorwerk in Vorwerk/Wolf, Rdnr. 24 ff zu § 1 KapMuG.

[41] Vgl. dazu etwa das Protokoll der Verhandlung vom 30.1.2007 im Verfahren Az. 1 O 643/04 LG Bochum über die dort protokollierte Aussage der als

der Prozessführung dafür verantwortlich waren, dass rechtliche Zusammenhänge vielfach nicht so dargestellt worden sind, wie sie in der Klage oder späteren Schriftsätzen hätten dargestellt werden müssen. Richtig ist auch, dass ein abtrennbarer Teil der Ansprüche – wie man hört – einer großen Zahl von Erwerbern verjährt ist, weil es an nötiger anwaltlicher Sorgfalt gefehlt hat. Es ist auch zutreffend, dass Erwerber Ansprüche deshalb verloren haben, weil sogar nach erhobener Klage fehlende anwaltliche Sorgfalt zur Verjährung von Ansprüchen geführt hat.

Bedeutsam ist eine weitere Beobachtung, die man im Rahmen der Auseinandersetzung der Erwerber mit der Badenia hat machen können und die die Rechtspolitik wird zur Kenntnis nehmen müssen. Kein einziger Erwerber ist von einer großen deutschen Anwaltskanzlei vertreten worden. Die Vertretung der Erwerber übernommen haben im wesentlichen kleine und mittlere Kanzleien. Jene Kanzleien haben nach Einwerbung der Mandate ihr Personal alsdann häufig durch „Junganwälte" aufgestockt. Ganz anders das Bild auf Seiten der beteiligten Banken; sie haben ihre Vertretung in einer einzigen größeren süddeutschen Kanzlei gebündelt. Die Abschaffung anwaltlicher Strukturen, die auch einkommensschwachen Bevölkerungsgruppen die Chance gegeben hätte, sich hoch spezialisierter, forensisch tätiger Anwälte zu bedienen,[42] hat sich daher auch in den Streitigkeiten über Schrottimmobilien für jene einkommensschwachen Bevölkerungsschichten höchst negativ ausgewirkt.

Unseren Wanderer, der seine zweite Nacht im Spukschloss verbrachte, hat allerdings auch diese Erkenntnis nicht das Fürchten gelehrt. Mit jenem Spuk, von dem ich soeben berichtet habe, lebt die Justiz täglich; und die Politik spricht, weil sie diesen Spuk nicht durchschaut, regelmäßig davon, dass sich „Defizite in der Rechtspflege nicht ausmachen lassen."[43] Gründe, sich zu fürchten, gab und gibt es wegen jener Widrigkeiten deshalb nicht. Jene Widrigkeiten sind das tägliche Brot der Justiz und nicht umsonst ist in der Acta Borussica vermerkt, dass Anwälte schwarze Roben zu tragen hätten, „damit man die Spitzbuben schon von weitem erkennen und sich vor ihnen hüten könne".[44]

Zeugen vernommenen Vorstandsmitglieder der Badenia und der ALLWO über das Zusammenwirken von finanzierender Bank, Verkäuferin und Vertriebsunternehmen und die Höhe der an die Strukturvertriebe gezahlten Innenprovisionen.

[42] Vgl. dazu BVerfG, Urt. v. 7.11.2000 – 1 BvR 335/97, BVerfGE 103, 1, 17.

[43] Die Formulierung, dass sich „Defizite in der Rechtsprechung nicht feststellen lassen", findet sich auch im Urteil des Bundesverfassungsgerichts vom 7.11.2000 – 1 BvR 335/97, BVerfGE 103, 1, 17.

[44] Vgl. Acta Borussica VI. 1 S. 211, zitiert nach Weißler, Die Geschichte der Rechtsanwaltschaft, 1905, S. 310.

IV.

Furcht erlernen konnte unserer Wanderer auch nicht im Marsch durch die Instanzen. Da gab es zwar in erster und zweiter Instanz Gerichte, die den Aufwand scheuten, das komplizierte Miteinander und Durcheinander zu entwirren, das sich beim Lesen überlanger Klagschriften auftat, die zeitgleich, jedoch getrennt, in 60, 70 oder 80 Verfahren anhängig gemacht wurden. Einfacher schien es jenen Gerichten, fehlende Substanz zu reklamieren,[45] Widersprüche auszumachen und Haupt- und Hilfsvorbringen der Klage nicht auseinander zu halten. So konnte man die Klagen schnurstracks abweisen, ohne in die Tiefe zu gehen und aufzudecken, dass ein strukturelles Ungleichgewicht Ursache dafür war, dass tausende Erwerber glaubten, steuerbegünstigt werthaltige Immobilien erworben zu haben.

Es gab allerdings auch in der Instanz Gerichte, die die Hintergründe erkannten und über den einen oder anderen Weg den Erwerbern die Möglichkeit gaben, sich von den eingegangenen Verpflichtungen zu lösen.[46] All das war nicht beunruhigend; es war die dritte Nacht unseres Wanderers, die ihn im Kartenspiel mit den Gespenstern verbringen ließ.

V.

Die vierte Nacht war dann die, in der unser Wanderer mit den Köpfen der Gespenster das Kegelspiel erlernte: Er war vor dem Bundesgerichtshof angelangt. Was unser Wanderer dort erlebt hat, lässt sich nicht als Geschichte einer Nacht erzählen. Deshalb: Vorhang auf für unser Theaterstück, das ich, damit es überhaupt zu ertragen ist, auf drei Akte mit jeweils drei Bildern gekürzt habe.

Der **Erste Akt** handelt davon, dass der Bundesgerichtshof – ich spreche hier ausschließlich vom XI. Senat, der für „Banksachen" zuständig

---

[45] Vgl. dazu etwa OLG Hamm, Urt. v. 19.11.2007 – 5 U 106/03.

[46] Vgl. etwa OLG Karlsruhe, Urt. v. 24.11.2004 – 15 U 4/01, teilweise abgedruckt in VersR 2005, 554. Der BGH hat diese Entscheidung zwar durch Urteil vom 20.03.2007 – XI ZR 414/04, WM 2007, 876 aufgehoben und an das OLG zurückverwiesen. Im anschließenden Verfahren vor dem OLG Karlsruhe hat die Badenia ein Anerkenntnisurteil gegen sich ergehen lassen, OLG Karlsruhe, Urt. v. 23.11.2007 – 17 U 85/07; vgl. dazu auch die Pressemitteilung des OLG Karlsruhe vom selben Tag, abrufbar unter http://www.olgkarlsruhe.de.

ist [47]– dass also jener Senat – trotz seiner ihm durch das Bundesverfassungsgericht übertragenen Aufgabe, strukturelle Ungleichgewichte durch entsprechende Auslegung der Normen des Privatrechts auszugleichen – jegliche schuldrechtliche Sonderbeziehung leugnet, die in der Lage wäre, den Kreditgebern Verantwortung dafür zu übertragen, dass den Erwerbern der Schrottimmobilien wirtschaftliche Risiken überbürdet worden sind, die sie nie haben tragen können.

Als schuldrechtliche Sonderbeziehung hätte ein Beratungsvertrag in Betracht kommen können, der sich auch auf die Anlageberatung bezog. Schauen wir uns deshalb im **Ersten Akt** das **Erste Bild** an:

Auf dem heimischen Sofa sitzt der Erwerber. Vor ihm sitzt bei Kaffee und Kuchen der Herr vom Strukturvertrieb, dem dringend daran liegt, die Provision zwischen durchweg 20.000 DM und 30.000 DM zu verdienen. Überredet werden muss der Erwerber, je nach seinen Einkommensverhältnissen, eine Eigentumswohnung zum Preis zwischen 100.000 DM und 180.000 DM zu erwerben. Ist das geschafft, muss der Erwerber nur noch veranlasst werden, den Vertrag über das Vorausdarlehen zu unterschreiben und die beiden Bausparverträge abzuschließen. Formularverträge zum Abschluss des Vertrages über das Vorausdarlehen und die Bausparverträge[48] hat der Vermittler in der Tasche; er legt sie dem Erwerber auch vor und erläutert jene Verträge. Darüber hinaus hat der Vermittler den Prospekt über die Wohnanlage in der Tasche, in der die Eigentumswohnung liegt, die der Erwerber kaufen soll. Auch der Inhalt dieses Prospekts wird im Wohnzimmer des Erwerbers erläutert.

Angesichts dieses Bildes, das sich als Erstes im Ersten Akt auftut, liegt – jedenfalls aus meiner Sicht – nicht fern, von einer Anlage- und einer Finanzierungsvermittlung[49] auszugehen; und: die Anlage- und Finanzie-

---

[47] Nach dem Geschäftsverteilungsplan 2008 ist der XI. Zivilsenat – wie auch in den Vorjahren – zuständig für „[…] 3. die Rechtsstreitigkeiten über Darlehensverträge zwischen einem Kreditinstitut und einem Darlehensnehmer […]".

[48] Vgl. etwa den im von der BaKred in Auftrag gegebenen Wirtschaftsprüferbericht exemplarisch abgedruckten Darlehensvertrag, DT, Anlage 4.2 Nr. 13.

[49] Den Begriff des Anlagevermittlers definiert die Rechtsprechung wie folgt: Dem Anlagevermittler, der für eine bestimmte Kapitalanlage im Interesse des Kapitalsuchenden und auch mit Rücksicht auf die ihm von diesem versprochene Provision den Vertrieb übernommen hat, tritt der Anlageinteressent selbständig gegenüber auf. An ihn wendet er sich in der Regel in dem Bewußtsein, dass der werbende und anpreisende Charakter der Aussagen im Vordergrund steht. Der zwischen dem Anlageinteressenten und einem solchen Anlagevermittler zustande gekommene Vertrag zielt lediglich auf Auskunftserteilung ab. Er verpflichtet den

rungsvermittlung als einheitliches Rechtsverhältnis[50] anzusehen, innerhalb dessen der Vermittler einheitlich als Erfüllungsgehilfe der ALLWO und der Badenia tätig geworden ist. Anlage- und Finanzierungsvermittlung sind in einer Person verknüpft. Der Vertreiber der Anlage und der der Finanzierung haben denselben Vermittler losgeschickt, um beide Produkte „an den Mann" zu bringen.

Der Bedarf für den Kredit ist geweckt, wenn das Anlageobjekt vermittelt ist. Gibt es dann noch Gründe, den Kreditgeber für unzutreffende Angaben des Vermittlers über das Anlageobjekt nicht haften zu lassen?

Der XI. Senat des Bundesgerichtshofes verneint bei dieser Konstellation eine schuldrechtliche Sonderverbindung, die zur Haftung der Badenia hätte führen können. Er spaltet den Vermittler gedanklich in zwei Personen auf und formuliert in seiner Rechtsprechung,[51] die das strukturelle Ungleichgewicht alsdann perpetuiert, sinngemäß wie folgt: Zwar hat der Vermittler nicht auf die Nachteile der Anlage hingewiesen. Richtig ist auch, dass der Vermittler auch als Vermittler der Kreditgeberin tätig geworden ist, als er eine Finanzierung anbot. Zurechnen lassen muss sich die Kreditgeberin das Verhalten des Vermittlers aber nur, soweit es den Bereich der Anbahnung des Kreditvertrages betrifft. Nur insoweit ist er für die in den Vertrieb der Immobilie nicht eingeschaltete Kreditgeberin tätig gewesen.[52]

Auch der zweite Versuch, die Badenia aufgrund schuldrechtlicher Sonderverbindung haften zu lassen, ist gescheitert. Im **Zweiten Bild** des **Ersten**

Vermittler zu richtiger und vollständiger Information über diejenigen tatsächlichen Umstände, die für den Anlageentschluss des Interessenten von besonderer Bedeutung sind, BGH, Urt. v. 13.5.1993 – III ZR 25/92, WM 1993, 1238, 1239.

[50] Vgl. dazu Fn. 84.

[51] BGH, Urt. v. 27.6.2000 – XI ZR 174/99, WM 2000, 1685; Urt. v. 12.11.2002 – XI ZR 47/01, BGHZ 152, 331,333; Urt. v. 16.05.2006 – XI ZR 6/04, WM 2006, 1194, 1202.

[52] Diese gedankliche Aufspaltung erweist sich jedenfalls im Nachherein und ungeachtet der Anforderungen, die das Revisionsrecht stellt, keinen Tatsachenvortrag berücksichtigen zu können, als Farce: Die Badenia hatte sich zum Vertrieb der Anlageobjekte gegenüber der ALLWO vertraglich verpflichtet; die Beteiligung der Badenia an der ALLWO war ausdrücklich mit dem Ziel erfolgt, andere Bausparkassen vom Vertrieb auszuschalten; vgl. Fn. 7. Das von der BaKred in Auftrag gegebene Wirtschaftsprüfergutachten lag dem XI. Senat in der Sache 414/04 vor. Im Verfahren vor dem Tatrichter war auf jene Passage des DT allerdings nicht Bezug genommen worden.

Aktes lenke ich den Blick auf die Kenntnisse, die jede Bank vor der Finanzierung des Erwerbs einer Immobilie erlangt: Jede Bank ermittelt den Beleihungswert, bevor sie den Erwerb einer Immobilie finanziert.[53] Das Wertgutachten liegt ihr vor.[54] Dass sie jenes Wertgutachten im eigenen Interesse erstellen lässt, ist klar. Zu beantworten war jedoch die Frage, ob die Kenntnis davon, dass der Kaufpreis den Wert der Immobilie bei weitem übersteigt, eine Aufklärungspflicht auslöst. Der XI. Senat hat auch diese Frage verneint: Es entspreche ständiger Rechtsprechung des Senats, dass Kreditinstitute den Wert gestellter Sicherheiten grundsätzlich nur im eigenen Interesse sowie im Interesse des Bankensystems ermitteln, nicht aber im Kundeninteresse.[55] Eine zu bankinternen Zwecken erfolgte Wertermittlung könne daher auch keine Pflichtverletzung gegenüber dem Kreditnehmer und damit auch keine Aufklärungspflicht ergeben.

Jene Deduktion ist brüchig. Die Aufklärungspflicht, von der der XI. Senat in diesem Zusammenhang spricht, muss sich nicht aus der Wertermittlung selbst ergeben. Die Wertermittlung führt zur Kenntnis über den Wert; die Pflicht zur Offenlegung des ermittelten Werts kann sich vielmehr daraus ergeben, dass die Bank durch die Beleihung über den Wert und die daraus folgende Finanzierung dem Verkäufer erst Gelegenheit gibt, das Objekt an den ahnungslosen Erwerber zu einem überteuerten Kaufpreis zu verkaufen. Auch unter dieser Prämisse verneint der XI. Senat jedoch jede Aufklärungspflicht[56] und damit jede Verant-

---

[53] Die Durchführung einer Beleihungswertermittlung entspringt nicht nur dem Sicherheitsbedürfnis der Bank selbst, sondern ist den Banken auch durch Gesetz auferlegt, im Fall der Bausparkassen durch § 7 BauSpKG.

[54] Aus den von der Badenia eingeholten Sachverständigengutachten zum Wert der an die Erwerber veräußerten Grundstücke ergab sich jedoch teilweise nicht einmal der von der Badenia angesetzte Beleihungswert, so dass es einer willkürlichen Anhebung der vom Sachverständigen ermittelten Werte bedurfte, um den gesetzlichen Vorgaben jedenfalls nominell nachzukommen, vgl. dazu DT, S. 49 ff. Im von der BaKred in Auftrag gegebenen Wirtschaftsprüfergutachten heißt es: „Die bei den internen Ertragswertermittlungen zugrundegelegten Bewertungsparameter waren erkennbar derart weit von den Marktgegebenheiten entfernt, dass von einer systematischen Überbewertung der Sicherungsobjekte ausgegangen werden muss.", DT, S. 52.

[55] BGH, Urt. v. 3.6.2008 – XI ZR 131/07, Umdruck S. 16; Urt. v. 20.03.2007 – XI ZR 414/07, WM 2007, 876, 880; Urt. v. 6.11.2007 – XI ZR 322/03, WM 2008, 115, 119, st. Rspr.

[56] Der XI. Senat führt dabei ausdrücklich aus, dass es wegen dieser Zielsetzung der Beleihungswertfestsetzung auch nicht darauf ankomme, ob die Bank mit der überhöhten internen Verkehrswertfestsetzung eigene wirtschaftliche Vorteile anstrebe und auch nicht darauf, dass das finanzierende Kreditinstitut durch die

wortung der Badenia dafür, dass rund 16.000 Menschen allein durch den Vertrieb von ALLWO-Wohnungen dem finanziellen Ruin ausgeliefert worden sind.

Das **Dritte Bild** des **Ersten Akts** befasst sich mit dem Mietpool, dem jeder Erwerber beizutreten hatte;[57] und zwar allein mit der Frage, ob die Pflicht zum Beitritt zum Mietpool auf Seiten der Badenia Aufklärungspflichten ausgelöst hat. Es geht also nicht darum, ob etwa der Beitritt zu einem überschuldeten Mietpool Aufklärungspflichten begründet hat.[58] Auch

---

überhöhte Wertermittlung und Finanzierung dem Verkäufer überhaupt erst ermöglicht habe, das Objekt zu einem überteuerten Kaufpreis zu veräußern, vgl. BGH, Urt. v. 3.6.2008 – XI ZR 131/07, Umdruck S. 16; Urt. v. 20.3.2007 – XI ZR 414/04, WM 2007, 876, 880; Urt. v. 6.11.2007 – XI ZR 322/03, WM 2008, 115, 119.

[57] In den Darlehensverträgen, die die Badenia auch namens der Vorausdarlehensgeber geschlossen hat, wurde mit den Erwerbern vereinbart, dass diese einem – von einer Untergesellschaft von Heinen & Biege verwalteten – Mietpool beitraten, in den alle Mieteinnahmen aus der erworbenen Wohnung flossen. Aus diesem Mietpool wurden zunächst die laufenden Kosten der Wohnungseigentumsanlage bezahlt, also alle nicht auf die einzelnen Mieter abwälzbaren Kosten, insbesondere die Kosten für Reparaturen und Instandhaltung des Miteigentums. Ergab sich nach Abzug aller Kosten ein Überschuss, wurde dieser gleichmäßig auf alle Eigentümer, die dem jeweiligen Mietpool beigetreten waren, verteilt. Auf diese Weise finanzierten die vermieteten Wohnungen den Leerstand des Objekts. Die Badenia machte die Finanzierung, die für die Erwerber den Kauf erst ermöglichte, regelmäßig davon abhängig, daß die Erwerber dem Mietpool beitraten, vgl. dazu DT, S. 42, sowie den exemplarisch als Anlage 4.2 Nr. 13 abgedruckten Darlehensvertrag, dort Blatt 4, § 3. Die Pflicht zum Beitritt zum Mietpool war AGB des Darlehensvertrages i. S. d. AGBG; ob diese AGB dem AGBG standhält, hat der XI. Senat nie in Frage gestellt, obwohl die Zusammensetzung der Mitglieder des Mietpools, der rechtlich als BGB – Gesellschaft einzustufen ist, in den Darlehensverträgen nicht erwähnt worden ist und der XII. Senat die Pflicht zum Beitritt einer Werbegemeinschaft, die als BGB – Gesellschaft organisiert ist, im Mietvertrag eines Einkaufszentrums als Verstoß gegen § 307 Abs. 1 Satz 1 BGB wegen des damit verbundenen Haftungsrisikos angesehen hat; BGH, Urt. v. 12.7.2006 – XII ZR 39/04, WM 2006, 2061.

[58] Die Mietpools einiger Objekte waren überschuldet. Die Überschuldung hatte verschiedene Ursachen: Teilweise waren hohe Leerstände und erheblicher Sanierungsbedarf für die hohen Ausgaben des Mietpools verantwortlich, teilweise wurden – während der Vertriebsphase – überhöhte Ausschüttungen an die Eigentümer geleistet, denen – was für die Erwerber im Zeitpunkt des Beitritts zum Mietpool nicht erkennbar war – keine Einnahmen, sondern von Heinen & Biege bzw. der Badenia dem Mietpool gewährte Kredite gegenüberstanden. Traten die Erwerber einem solchen defizitären Mietpool bei, wurden sie mit hohen Nach-

jenes Dritte Bild des Ersten Aktes endet mit einem Fiasko. Der XI. Senat äußert sich wie folgt[59]: Die Forderung, einem Mietpool beizutreten, stellt keinen Gefährdungstatbestand dar, der eine Aufklärungspflicht auslöst. Eine Aufklärungspflicht ist nur dann zu bejahen, wenn der Anleger bewusst mit einem Risiko belastet wird, das über die mit dem zu finanzierenden Vorhaben normalerweise verbundenen Gefahren hinausgeht. Ein solches Risiko – so der XI. Senat wörtlich weiter – folge aus einem bloßen Beitritt zu einem Mietpool schon deshalb nicht ohne weiteres, weil hierdurch zugleich das Risiko des Darlehensnehmers, bei einem Leerstand der Wohnung keine Miete zu erzielen, auf alle Mietpoolteilnehmer verteilt wird. Der Mietpoolbeitritt sei daher nicht notwendigerweise nachteilig, sondern führe auch zu einer Risikoreduzierung.[60]

Wie sich diese Erwägungen in die Rechtsprechung allgemein einordnen lassen sollen, ist nicht erkennbar. In anderen rechtlichen Zusammenhängen wird nirgends die Ansicht vertreten, dass Aufklärung über Nachteile deshalb nicht geschuldet wird, weil auch Vorteile vorhanden sind. So werfen die Erwägungen des XI. Senats die gesamte Rechtsprechung des VI. Senats zu medizinischen Aufklärungspflichten,[61] zu Aufklärungspflichten im Zusammenhang mit der Abgabe von Medikamenten[62] und zur Produkthaftung[63] über Bord. Die Rechtsprechung zur Anlageberatung steht der Erwägung des XI. Senats ebenso entgegen.

---

zahlungen belastet; einige Mietpools sind in der Folgezeit zusammengebrochen, vgl. dazu ausführlich DT, S. 64 ff sowie PWC, S. 10, 25 ff. Dass die Badenia in diesen Fällen aus vorvertraglicher Pflichtverletzung unter dem Gesichtspunkt des konkreten Wissensvorsprungs für die den Erwerbern entstandenen Schäden, insbesondere den Abschluss des Darlehensvertrages haftet, ist inzwischen auch in der Rechtsprechung des XI. Senats anerkannt, vgl. BGH, Urt. v. 20.3.2007 – XI ZR 414/04, WM 2007, 876, 879. Die Zahl der Erwerber, die einem solchen kreditfinanzierten Mietpool beigetreten sind, wird mit ca. 150 angegeben, das entsprechende ursprüngliche Darlehensvolumen, mit 14 Mio. €, PWC, S. 27.

[59] BGH, Urt. v. 20.3.2007- XI ZR 414/04, WM 2007, 876, Tz. 18, 19.

[60] BGH, a.a.O. Sh. dazu auch Fn. 57 und die dort zitierte Entscheidung des XII. Senats.

[61] Vgl. etwa BGH, Urt. v. 13.6.2006 – VI ZR 323/04, VersR 2006, 1073, 1074; Urt. v. 21.11.1995 – VI ZR 329/94, VersR 1996, 233; Urt. v. 12.12.1989 – VI ZR 83/89, VersR 1990, 522, 523.

[62] Vgl. etwa BGH, Urt. v. 15.3.2005 – VI ZR 289/03, BGHZ 162, 320, 323; Urt. v. 15.2.2000 – VI ZR 48/99, BGHZ 144, 1, 5; Urt. v. 27.10.1981 – VI ZR 69/80, VersR 1982, 147, 148.

[63] Vgl. etwa BGH, Urt. v. 18.5.1999 – VI ZR 192/98, VersR 1999, 890, 891; Urt. v. 12.11.1991 – VI ZR 7/91, BGHZ 116, 60, 65; Urt. v. 27.9.1994 –

Als Scheinbegründung entlarvt sich die aufgezeigte Erwägung dann auch über den nächsten, in den Entscheidungsgründen enthaltenen Satz. Dort heißt es:

> Zugleich trägt der Mietpool dem banküblichen Bestreben des finanzierenden Kreditinstituts nach einer genügenden Absicherung des Kreditengagements Rechnung.[64]

Jetzt haben wir die Erkenntnis, auf die der Wanderer wartete, um das Fürchten zu lernen: Immer dann, wenn es um Sicherheiten der Bank geht, gibt es keine Aufklärungspflichten, gleich, was auch immer die Bank von uns fordert.

Der Erste Akt hat sein Ende gefunden. Der Vorhang fällt. Das Show-Girl tritt auf die Bühne und ruft ins Theater hinein:

> „Bank muss man sein!"
> „Bank muss man sein!"

Es folgt der **Zweite Akt**; er handelt von der Haustürsituation.

Die Anbahnung eines Vertrages in der Haustürsituation gibt dem Verbraucher bekanntlich das Recht, den Vertrag innerhalb einer Frist von einer Woche nach erfolgter Belehrung über das Widerrufsrecht zu widerrufen. Am 13.12.2001 widerspricht der EuGH in der sog. Heininger-Entscheidung[65] der Ansicht des XI. Senats,[66] auch bei fehlender Belehrung über das Widerrufsrecht ende das Widerrufsrecht analog der Regelung im Verbraucherkreditgesetz ein Jahr nach Abschluss des Vertrages.

Da im Rahmen des Vertriebs der Schrottimmobilien Widerrufsbelehrungen nach dem Gesetz über Haustürgeschäfte nicht oder nicht zutreffend erteilt worden sind,[67] suchen die Erwerber nunmehr ihr Heil

---

VI ZR 150/93, VersR 1481, 1482; Urt. v. 19.2.1975 – VIII ZR 144/73, BGHZ 64, 46, 49.

[64] BGH, Urt. v. 20.3.2007- XI ZR 414/04, WM 2007, 876, 878, Tz. 19.

[65] EuGH, Urt. v. 13.12.2001 – Rs. C-481/99, WM 2001, 2434, 2437, Tz. 46.

[66] BGH, Beschl. v. 29.11.1999 – XI ZR 91/99, WM 2000, 26, 28.

[67] Dies beruhte in erster Linie darauf, dass § 5 Abs. 2 des Haustürwiderrufsgesetzes vorsah, dass die Anwendbarkeit des Verbraucherkreditgesetzes diejenige des Haustürwiderrufsgesetzes verdrängt. Eine solcher Vorrang war jedoch in der Richtlinie – wie der EuGH ebenso im Heininger – Urteil, a.a.O., feststellte – entgegen der Ansicht des nationalen Gesetzgebers und im Anschluss daran der des XI. Senats, vgl. Beschl. v. 29.11.1999 – XI ZR 91/99, WM 2000, 26, 27; Urt. v. 3.11.1998 – XI ZR 346/97, WM 1998, 2463, 2464, in der Richtlinie nicht vorgesehen. Der – gemeinschaftswidrigen – nationalen Rechtslage entsprechend

im Widerruf der Darlehensverträge. Nach erfolgtem Widerruf des Darlehensvertrages sind die ausgetauschten Leistungen allerdings rückabzuwickeln. Das Darlehen, das dem Erwerb der Schrottimmobilie gedient hat, ist also zurückzuzahlen. Instanzgerichte kommen deshalb auf die Idee, die Grundsätze des verbundenen Geschäfts auch auf Haustürgeschäfte anzuwenden.[68] Dies hat zur Folge, dass der Erwerber statt der Rückzahlung des Darlehens die Badenia auf die Übertragung des Eigentums an der erworbenen Wohnung verweisen kann.

Erstes Bild im **Zweiten Akt:**
Der XI. Zivilsenat weigert sich, das Haustürwiderrufsgesetz anzuwenden. Er verweist auf § 123 Abs. 2 BGB.[69] Danach ist eine Täuschung durch einen Dritten dem Vertragspartner nur zurechenbar, wenn der Vertragspartner die Täuschung kannte oder kennen musste. Auf den Vertrieb der Schrottimmobilien übertragen heißt dies, dass ein Widerruf nach dem

---

enthielten die in einer Haustürsituation geschlossenen Darlehensverträge daher keine Widerrufsbelehrung nach dem Haustürwiderrufsgesetz, sondern lediglich eine nach dem Verbraucherkreditgesetz.

[68] Vgl. LG Bochum, Beschl. v. 29.6.2003 – 1 O 795/02, WM 2003, 1609, 1613; OLG Bremen, Beschl. v. 27.5.2004 – 2 U 20/02, NJW 2004, 2238, 2240; vgl. auch OLG Karlsruhe, Urt. v. 10.9.2002 – 4 U 23/02, WM 2003, 336, das Darlehensvertrag und Immobilienerwerb ohne Rückgriff auf die Regelung des § 9 VerbrKrG als wirtschaftliche Einheit ansehen will, die nicht „übers Dreieck" sondern im Rahmen der Direktkondiktion rückabzuwickeln sei. Auch diesem Lösungsansatz hat sich der XI. Zivilsenat verschlossen mit der Begründung, „[...] dass der Realkreditvertrag und das finanzierte Grundstücksgeschäft grundsätzlich nicht als zu einer wirtschaftlichen Einheit verbundene Geschäfte anzusehen [seien]. [...] Denn bei einem Immobilienkauf weiß auch der rechtsunkundige und geschäftsunerfahrene Laie, dass Kreditgeber und Immobilienverkäufer in der Regel verschiedene Personen sind.", Urt. v. 9.4.2002 – XI ZR 91/99, WM 2002, 1181, 1186.

[69] BGH, Urt. v. 12.11.2002 – XI ZR 3/01, WM 2003, 61, 63. Die angeregte Vorlage an den EuGH wegen dieses – in der Richtlinie nicht vorhandenen – Erfordernisses der Zurechnung lehnte der XI. Senat bewusst ab: „[...] Entgegen der Auffassung der Revisionserwiderung steht dieses Ergebnis nicht im Widerspruch zu gemeinschaftsrechtlichen Vorgaben. Eine Zurechnung in entsprechender Anwendung des § 123 Abs. 2 BGB geht nämlich über die Vorgaben der Haustürgeschäfterichtlinie hinaus. Art. 2 der Richtlinie setzt einen Besuch des Gewerbetreibenden oder seines Vertreters voraus. Eine dem § 123 Abs. 2 BGB entsprechende Regelung enthält die Richtlinie nicht. Für die von der Revisionserwiderung insoweit angeregte Vorlage an den Gerichtshof der Europäischen Gemeinschaften besteht also keine Veranlassung.", Urt. v. 20.1.2004 – XI ZR 460/02, WM 2004, 521, 522.

Gesetz über Haustürgeschäfte nur in Betracht kommt, wenn der Badenia nachgewiesen werden kann, dass sie Kenntnis von der Anbahnung des Darlehensvertrages in der Haustürsituation hatte. Der Nachweis muss scheitern. Die Versuche des II. Senats, an den ähnliche Fallkonstellationen aus dem Bereich von Fondsbeteiligungen gelangen, Beweiserleichterungen zu schaffen,[70] scheitern letztendlich nach einem heftigen Streit zwischen dem XI. und II. Senat am Widerstand des XI. Senats.[71]

Das OLG Bremen verliert das Vertrauen in die Rechtsprechung des XI. Senats. Es entschließt sich, selbst den EuGH gemäß Art. 234 EGV anzurufen, um klären zu lassen, ob § 123 Abs. 2 BGB analog auf Haustürgeschäfte anzuwenden ist.[72] Der EuGH verneint dies.[73] Der XI. Senat gibt notgedrungen seine Rechtsprechung zum Zurechnungserfordernis auf.[74]

Zweites Bild:
Von diesem Zeitpunkt an treiben andere Entscheidungen des XI. Senats die Erwerber von Schrottimmobilien in die Verzweiflung. Wird der Darlehensvertrag widerrufen, muss der Erwerber das Darlehen zurückzahlen nebst Nutzungsentschädigung und zwar sogleich in voller Höhe.[75] Die

---

[70] Vgl. etwa BGH, Urt. v. 14.6.2004 – II ZR 395/01, BGHZ 159, 280, 291 f; Das vom XI. Senat aufgestellte Erfordernis, die Bank müsse sich die arglistige Täuschung der Vertriebsmitarbeiter nur nach dem Maßstab des § 123 Abs. 2 BGB zurechnen lassen, überwindet der II. Senat mit dem Hinweis darauf, dass sich die Bank ebenso wie die Prospektverantwortlichen und Gründer des Fonds behandeln lassen müsse, wenn diese über deren Darlehensformulare verfügten, mit der Folge, dass der Erwerber die Bank wegen ihrer Rückzahlungsansprüche auf die Prospektverantwortlichen, Initiatoren und Gründer des Fonds verweisen könne.

[71] Vgl. BGH, Urt. v. 25.4.2006 – XI ZR 106/05, BGHZ 167, 239, 250.

[72] OLG Bremen, Beschl. v. 27.5.2004 – 2 U 20/02, NJW 2004, 2238.

[73] Urt. v. 25.10.2005 – Rs. C-229/04, WM 2005, 2086, 2088, Tz. 42– Crailsheimer Volksbank. Der EuGH führt zur Rechtsauffassung des XI. Senats lediglich aus: „[…] Hierzu genügt die Feststellung, dass der Wortlaut der Richtlinie für eine solche zusätzliche Voraussetzung keine Grundlage bietet. Nach ihrem Artikel 1 gilt sie für Verträge, die zwischen einem Gewerbetreibenden und einem Verbraucher in einer Haustürsituation geschlossen werden, und nach Artikel 2 fallen unter den Begriff „Gewerbetreibender" im Sinne der Richtlinie auch Personen, die im Namen und für Rechnung eines Gewerbetreibenden handeln."

[74] Urt. v. 19.09.2006 – XI ZR 204/04, WM 2006, 2343, Tz. 12 .

[75] Vgl. etwa BGH, Urt. v. 19.9.2006 – XI ZR 242/05, WM 2006, 2303, 2304; Urt. v. 26.11.2002 – XI ZR 10/00, WM 2003, 64, 66; Urt. v. 12.11.2002 – XI ZR 47/01, BGHZ 152, 331, 338.

Anwendung der Grundsätze des verbundenen Geschäfts verwehrt der XI. Senat.[76] Er kreiert ferner eine Rechtsprechung, nach der der Abschluss des notariellen Erwerbsvertrages vor dem Abschluss des Darlehensvertrages – das ist in den Schrottimmobilienfällen der Badenia die weitüberwiegende Zahl der Fälle – die Kausalität zwischen Haustürsituation und Vertragsschluss unterbricht; ein Widerruf des Darlehensvertrages also nicht mehr in Betracht kommt.[77] Die Frage, ob Grundsätze des verbundenen Geschäfts auf den Haustürwiderruf Anwendung finden, muss jetzt in der weitüberwiegenden Zahl der zu entscheidenden Fälle nicht mehr behandelt werden. Es ist eine „nationale Lösung gefunden", die durch die Rechtsprechung des EuGH – wie auch immer sie laufen wird, wenn Instanz – Gerichte den EuGH anrufen sollten – nicht tangiert werden kann. Die Feststellung der Kausalität wird dem Tatrichter, insoweit allerdings völlig zu Recht, überantwortet.[78] Der Tatrichter verneint, wann auch immer sich Gelegenheit dazu bietet, die Kausalität.

Drittes Bild im **Zweiten Akt**:

Auf die Vorlage des Landgerichts Bochum[79] entscheidet der EuGH,[80] dass es im Rahmen des Haustürwiderrufs nicht zur Anwendung der Grundsätze des verbundenen Geschäfts kommt. Der EuGH führt in seiner Entschei-

---

[76] BGH, Urt. v. 9.4.2002 – XI ZR 91/99, WM 2002, 1181, 1186; Urt. v. 12.11.2002 – XI ZR 47/01, BGHZ 152, 331, 338; Urt. v. 26.11.2002 – XI ZR 10/00, WM 2003, 64, 66.

[77] Vgl. etwa BGH, Urt. v. 16.5.2006 – XI ZR 48/04, BKR 2006, 452, Tz. 37; Urt. v. 19.9.2006 – XI ZR 242/05, WM 2006, 2303, 2305; Urt. v. 16.5.2006 – XI ZR 6/04, BGHZ 168, 1, 5; BGH, Urt. v. 26.09.2006 – XI ZR 283/03, WM 2006, 2347, 2349, Tz. 24.

[78] Vgl. etwa BGH, Urt. v. 17.6.2008 – XI ZR 79/07, Umdruck S. 7; Urt. v. 18.12.2007 – XI ZR 76/06, WM 2008, 292, 294; Urt. v. 10.7.2007 – XI ZR 243/05, WM 2007, 1831, 1832.

[79] Beschl. v. 29.7.2003 – 1 O 795/02, WM 2003, 1609.

[80] EuGH, Urt. v. 25.10.2005 – Rs. C-350/03, WM 2005, 2079, 2084, Tz. 80 – Schulte: „[…] Unter diesen Umständen schließt es die Richtlinie zwar nicht aus, dass das nationale Recht für den Fall, dass die beiden verbundenen Verträge eine wirtschaftliche Einheit bilden, vorsieht, dass sich der Widerruf des Realkredits auch auf die Gültigkeit des Kaufvertrags über eine Immobilie auswirkt, doch schreibt sie in einem Fall, wie ihn das vorlegende Gericht schildert, ein solches Ergebnis nicht vor." Der XI. Senat wäre daher jedenfalls aus Gründen des Gemeinschaftsrechts nicht gehindert gewesen, Kauf- und Darlehensvertrag als wirtschaftliche Einheit zu betrachten.

dung, so wie in der am selben Tag ergangenen Parallelentscheidung[81] aber zusätzlich aus:[82]

> In einem Fall, in dem der Verbraucher, wenn das Kreditinstitut seiner Verpflichtung, ihn über sein Widerrufsrecht zu belehren, nachgekommen wäre, es hätte vermeiden können, sich den Risiken auszusetzen, die mit Kapitalanlagen der in den Ausgangsverfahren in Rede stehenden Art verbunden sind, verpflichtet Artikel 4 der Richtlinie jedoch die Mitgliedstaaten, dafür zu sorgen, dass ihre Rechtsvorschriften die Verbraucher schützen, die es nicht vermeiden konnten, sich solchen Risiken auszusetzen, indem sie Maßnahmen treffen, die verhindern, dass die Verbraucher die Folgen der Verwirklichung dieser Risiken tragen.

Jene verbindliche Aufforderung[83] des EuGH, die sich auch an die Rechtsprechung des XI. Senats richtet, ermöglicht bei einheitlicher Betrachtung des zu beurteilenden Lebenssachverhalts[84], den Erwerbern von Schrottimmobilien die Möglichkeit zu geben, anstelle der Rückzahlung des Darlehens, die Übereignung der Immobilie anzubieten. Ich rufe dazu in Erinnerung, dass auch die Grundsätze über das verbundene Geschäft auf einer Fortentwicklung des Rechts durch die Rechtsprechung beruhen,

---

81 EuGH, Urt. v. 25.10.2005 – Rs. C-229/04, WM 2005, 2086, 2089, Tz. 49 – Crailsheimer Volksbank.

82 EuGH, Urt. v. 25.10.2005 – Rs. C-350/03, WM 2005, 2079, 2086, Tz. 103 – Schulte.

83 Die nationalen Gerichte sind an die Urteile des EuGH als gesetzlichem Richter im Sinne des Art. 101 Abs. 1 Satz 2 GG gebunden, vgl. BVerfG, Beschl. v. 31.5.1990 – 2 BvL 12, 13/88, 2 BvR 1436/87, BVerfGE 82, 159, 192. Im Rahmen ihrer gesetzlichen und verfassungsrechtlichen Bindung an das Gemeinschaftsrecht haben sie das nationale Recht richtlinienkonform auszulegen und es gegebenenfalls – wenn eine solche Auslegung der klare Wortlaut des nationalen Rechts verbietet – zugunsten des vorrangig geltenden Gemeinschaftsrechts unangewendet zu lassen, vgl. dazu BVerfG, Beschl. v. 9.6.1971 – 2 BvR 229/69, BVerfGE 31, 145, 174. Dass diese Verpflichtung vom XI. Senat noch nicht vollkommen verinnerlicht worden ist, zeigen seine Ausführungen in den Beschlüssen vom 18.1.2005 – XI ZR 54/04 und XI ZR 66/04, in denen sich der Senat, jeweils Umdruck S. 4, zur Nichtanwendung gemeinschaftswidrigen zwingenden nationalen Rechts nicht für befugt hält. Vgl. zu dieser irrigen Rechtsauffassung auch Vorwerk in der FS Scharf, im Erscheinen .

84 Der BGH hat bereits früh entschieden, dass die „[…]Aufspaltung eines wirtschaftlich einheitlichen geschäftlichen Vorgangs in zwei rechtlich getrennte Verträge, Kaufvertrag und Darlehensvertrag, […]“dem Grundsatz von Treu und Glauben widerspricht, vgl. BGH, Urt. v. 5.4.1962 – VII ZR 183/60, BGHZ 37, 94, 99.

die ihren Ursprung allein in der Anwendung des § 242 BGB hatte.[85] Der XI. Senat hatte folglich durchaus die Möglichkeit, die Rechtsprechung fortzuentwickeln und die Erwerber von Schrottimmobilien vor dem drohenden Ruin zu bewahren.

Der XI. Senat nimmt diese Chance nicht wahr. Er seziert den Lebenssachverhalt und fordert vom Erwerber der Schrottimmobilie den Nachweis, dass er trotz Bindung an den notariellen Kaufvertrag den Darlehensvertrag im Falle der Widerrufsbelehrung innerhalb einer Woche widerrufen hätte.[86] Dass dieser Nachweis nicht zu erbringen ist, liegt auf der Hand. Zudem konterkariert die Rechtsprechung des XI. Senats die Entscheidung des EuGH vom 25.10.2005: Der XI. Senat führt aus, die Pflichtverletzung der Vorausdarlehensgeber, die darin liegt, keine Widerrufsbelehrung erteilt zu haben, sei nicht schuldhaft. Schließlich habe auch der XI. Senat die Erteilung einer Widerrufsbelehrung nach dem Gesetz über Haustürgeschäfte nicht für notwendig erachtet, wenn eine Belehrung nach dem Verbraucherkreditgesetz erfolgt sei.[87]

---

[85] Vgl. dazu BGH, Urt. v. 5.4.1962 – VII ZR 183/60, BGHZ 37, 94, 99; Urt. v. 5.7.1971 – III ZR 108/68, NJW 1971, 2303, 2306; Urt. v. 8.11.1979 – III ZR 115/78, NJW 1980, 782, jeweils zum finanzierten Abzahlungsgeschäft.

[86] BGH, Urt. v. 19.9.2006 – XI ZR 204/04, BGHZ 169, 109, 121, Tz. 43; Urt. v. 6.11.2007 – XI ZR 322/03, WM 2008, 115, 121; Urt. v. 19.12.2006 – XI ZR 401/03, Umdruck S. 15.

[87] BGH, Urt. v. 19.9.2006 – XI ZR 204/04, BGHZ 169, 109, 120, Tz. 42; Urt. v. 6.11.2007 – XI ZR 322/03, WM 2008, 115, 121, Tz. 55; Urt. v. 24.10.2006 – XI ZR 265/03, Umdruck S. 14, Tz. 29. Die gängige Formulierung des XI. Senats lautet: „Ein Schadenersatzanspruch des Klägers aus Verschulden bei Vertragsschluss wegen unterbliebener Belehrung nach § 2 Abs. 1 HWiG setzt zwingend ein Verschulden der Beklagten voraus. Die Annahme eines evtl. vom Berufungsgericht festzustellenden verschuldeten Rechtsirrtums könnte allerdings bei dem vorliegenden Fall aus dem Jahre 1993 zweifelhaft sein.", BGH, Urt. v. 19.9.2006 – XI ZR 204/04, BGHZ 169, 109, 120, Tz. 42. Und: „Auch der erkennende Senat hat eine solche Belehrung deshalb in Übereinstimmung mit der damals einhelligen Meinung der Obergerichte (OLG Stuttgart WM 1999, 74, 75 f. und WM 1999, 1419; OLG München WM 1999, 1418, 1419) und der herrschenden Ansicht in der Literatur (vgl. die Nachweise in BGH WM 2000, 26, 27) in seinem Beschluss vom 29. November 1999 (XI ZR 91/99, WM 2000, 26, 27 ff.) als nicht erforderlich angesehen und seine Meinung erst aufgrund des anders lautenden Urteils des Gerichtshofs der Europäischen Gemeinschaften vom 13. Dezember 2001 (Rs. C-481/99, WM 2001, 2434 ff. Heininger) geändert (BGHZ 150, 248, 252 ff.).", BGH, Urt. v. 16.5.2006 – XI ZR 48/04, Umdruck S. 22, Tz. 36.

Dass der Bundesgerichtshof Gemeinschaftsrecht letztlich nicht verbindlich auslegen kann,[88] der eigene Fehler des XI. Senats in der Auslegung des Gemeinschaftsrechts Banken, die über eigene Rechtsabteilungen verfügen, das Gemeinschaftsrecht verfolgen und den Art. 243 EGV kennen, nicht exkulpieren kann, ist ein Umstand, den der XI. Senat – trotz Hinweises auf diese Situation[89] – mit keinem Wort würdigt.

Der Vorhang senkt sich nach dem zweiten Akt. Das Show-Girl läuft auf die Bühne und ruft ins Theater hinein:

> „Bank muss man sein!"
> „Bank muss man sein!"

Dritter Akt:

Das Bühnenbild ist völlig verwandelt. Es ist ein sonniger Frühlingstag im Mai. Kinder tanzen und hüpfen fröhlich über die Bühne. Paare umarmen sich; Freude strahlt aus ihren Augen. Ein dunkel gekleideter Herr tritt auf die Bühne; er hält inne, breitet einen Stapel Papier aus und spricht zu den Menschen, die sich um ihn versammeln:

> „Heute ist der 16. Mai 2006. In der Sache XI ZR 6/04 verkünde ich folgende Entscheidung[90]:
>
> Im Interesse der Effektivierung des Verbraucherschutzes bei realkreditfinanzierten Wohnungskäufen, die nicht als verbundene Geschäfte behandelt werden können und um dem Gedanken des Verbraucherschutzes vor Risiken von Kapitalanlagemodellen im nationalen Recht Rechnung zu tragen, ergänzt der Senat seine Rechtsprechung zum Bestehen von Aufklärungspflichten der kreditgebenden Bank:
>
> Ab heute können sich die Anleger in Fällen institutionalisierten Zusammenwirkens der kreditgebenden Bank mit dem Verkäufer oder dem Vertreiber des finanzierten Objekts unter erleichterten Voraussetzungen mit Erfolg auf einen die Aufklärungspflicht auslösenden konkreten Wissensvorsprung der finanzierenden Bank im Zusammenhang mit einer arglistigen Täuschung des Anlegers durch unrichtige Angaben der Vermittler oder Verkäufer über das Anlageobjekt berufen. Die eine eigene Aufklärungspflicht der Bank begründende Fallgruppe des konkreten Wissensvorsprungs wird unter bestimmten Voraussetzungen durch eine Beweiserleichterung in Form einer widerleglichen Vermutung für die bislang von dem Darlehensnehmer darzulegende und zu

---

[88] Das Monopol für die verbindliche Auslegung des EGV liegt nach Art. 234 EGV beim Gerichtshof der Europäischen Gemeinschaften, vgl. dazu Streinz/Ehricke, Rdnr. 4 f. zu Art. 234 EGV.

[89] Der Hinweis erfolgte im Plädoyer in der Verhandlung in der Sache XI ZR 6/04.

[90] BGH, Urt. v. 16.5.2006 – XI ZR 6/04, BGHZ 168, 1.

beweisende Kenntnis der Bank von der arglistigen Täuschung durch den Verkäufer oder der von ihm eingeschalteten Vermittler ergänzt.

Die Kenntnis der Bank von einer solchen arglistigen Täuschung wird ab heute und damit auch für alle in der Vergangenheit liegenden Vorgänge widerleglich vermutet, wenn der Verkäufer oder die von ihm beauftragten Vermittler und die finanzierende Bank in institutionalisierter Art und Weise zusammenwirken, und die Unrichtigkeit der Angaben des Verkäufers oder des für ihn tätigen Vermittlers nach den Umständen des Falles evident ist, so dass sich aufdrängt, die Bank habe sich der Kenntnis der arglistigen Täuschung geradezu verschlossen."

Die Menschen springen voller Glück in die Luft. Der Durchbruch ist geschafft. Der XI. Senat ändert seine Rechtsprechung in Sachen Schrottimmobilien.

Das Licht verlischt.

Das Erste Bild des Dritten Aktes hat Hoffnung verbreitet.

Jedoch:

Analysieren wir die Entscheidung, deren Sprachduktus vermittelt, wie schwer sich der XI. Senat getan haben muss, seine Rechtsprechung zu modifizieren, stellen wir fest, dass auch jene Entscheidung die Vorgaben des Bundesverfassungsgerichts im 89. Band der amtlichen Sammlung, strukturelle Ungleichgewichte notfalls durch Anwendung von Generalklauseln des Privatrechts auszugleichen, nicht erfüllt. Die Beweiserleichterung, die der XI. Senat geschaffen hat, erfasst zwar alle Fälle, in denen die Badenia mit der Heinen & Biege Gruppe beim Vertrieb von Schrottimmobilien zusammengearbeitet hat. Sie erstreckt sich jedoch nicht auf das Kernübel, die Schuldenfalle, in die die Erwerber hineingelockt worden sind, um das Bausspargeschäft anzukurbeln und die der ALLWO Gelegenheit gegeben hat, Immobilien massenhaft zu Preisen weit über dem Verkehrswert an den Mann zu bringen. Hinzu kommt:

Aus der institutionalisierten Zusammenarbeit zwischen der Badenia und der ALLWO sowie der Heinen & Biege Gruppe schließt die Entscheidung vom 16.05.2006 auf Kenntnisse der Badenia über das Vorgehen des Vertriebs. Anders lässt sich die durch die Entscheidung begründete widerlegliche Vermutung, die Badenia habe Kenntnis von einer Täuschung des Vermittlers über verkehrswichtige Eigenschaften des Anlageobjekts, nicht begründen. Das Argumentationsmuster, institutionelle Zusammenarbeit zwischen Bank und Vertrieb der Anlage begründet den Anschein der Einbindung der Bank in den Vertrieb der Kapitalanlage, muss deshalb zur Frage führen, warum der XI. Senat seine im Ersten

Bild des Ersten Akts dargestellte Rechtsprechung,[91] die eine Haftung aufgrund einer Sonderverbindung leugnet, nicht aufgegeben hat. Über das Argument, die Bank kennt das Vertriebsgebaren, lässt sich ohne weiteres ein Zusammenwirken mit dem Vertrieb bejahen und auf § 278 BGB zurückgreifen, um eine Haftung der Bank für alle Pflichtverletzungen zu begründen, die dem Vertrieb unterlaufen sind. Statt des Durchbruchs entpuppt sich die Entscheidung vom 16.05.2006, wie die beiden weiteren Bilder des Dritten Akts zeigen werden, daher auch nur als Etappensieg, der in der Folge wie Sand zerbröselt.

Das **Zweite Bild** des **Dritten Akts** lehrt uns dies in nicht zu überbietender Weise. Wiederholen wir: Die Entscheidung vom 16.05.2006 begründet eine widerlegliche Vermutung der Kenntnis der Bank von der evidenten arglistigen Täuschung, der sich der Vertrieb der Anlage bedient hat, um das Anlageobjekt an den Mann zu bringen. Es stellt sich deshalb sofort die Frage, warum die widerlegliche Vermutung der Kenntnis nur für die evidente, nicht aber für die arglistige Täuschung schlechthin gilt. Eine einleuchtende Antwort darauf gibt es nicht.

Eine Antwort fehlt zudem auf die Frage, warum die Vermutung der Kenntnis nur im Falle der arglistigen Täuschung eingreift.[92] Unter den vertriebenen Eigentumswohnungen befanden sich auch solche, die zumindest nach dem Vortrag der Erwerber zu Preisen veräußert worden sind, die fast das Doppelte des Verkehrswertes erreichten. Die Voraussetzungen eines sittenwidrig überhöhten Kaufpreises lagen – zumindest nach dem im Revisionsverfahren maßgebenden Sach- und Streitstand – demnach vor. Im Falle der bewiesenen Kenntnis der Bank von jener sittenwidrigen Überhöhung des Kaufpreises hatte der XI. Senat zuvor schon geurteilt, dass die Bank eine Aufklärungspflicht verletzt, wenn sie den Erwerber nicht auf diesen Umstand hinweist.[93] Nach der Entscheidung vom 16.05.2006 war es deshalb auch konsequent und folgerichtig, dass der XI. Senat in der Entscheidung vom 17.10.2006[94], wie folgt formuliert:

---

[91] Vgl. Fn. 51.

[92] Der XI. Senat beschränkt die widerlegliche Vermutung der Kenntnis der Bank in seinen neueren Entscheidungen ausdrücklich auf die arglistige Täuschung, vgl. BGH, Urt. v. 23.10.2007 – XI ZR 167/05, WM 2008, 154, 156, Tz. 16; Urt. v. 6.11.2007 – XI ZR 322/03, WM 2008, 115, 119, Tz. 39; Urt. v. 3.6.2008 – XI ZR 319/06, Umdruck S. 11, Tz. 20.

[93] Vgl. etwa BGH, Urt. v. 18.4.2000 – XI ZR 193/99, WM 2000, 1245, 1247; Urt. v. 18.3.2003 – XI ZR 188/02, WM 2003, 918, 921; Urt. v. 20.5.2003 – XI ZR 248/02, WM 2003, 1370, 1372.

[94] BGH, Urt. v. 17.10.2006 – XI ZR 205/05, WM 2007, 114, 116.

„Da zu dem von den Klägern geltend gemachten Schadenersatzanspruch aus-reichende Feststellungen des Berufungsgerichts fehlen, war das angefochtene Urteil aufzuheben (§ 562 Abs. 1 ZPO) und die Sache zur neuen Verhandlung und Entscheidung an das Berufungsgericht zurückzuverweisen (§ 563 Abs. 1 Satz 1 ZPO). Dieses wird, nachdem die Parteien Gelegenheit hatten, ihr bis-heriges Vorbringen unter Berücksichtigung der modifizierten Rechtsprechung des Senats zu ergänzen, Feststellungen zur widerleglich vermuteten Kenntnis der Beklagten über die Sittenwidrigkeit der Kaufpreisvereinbarung [...] zu treffen haben."

Dann aber, etwa 12 Monate später heißt es in der Entscheidung vom 23.10.2007[95], es gäbe auch im Falle institutionalisierter Zusammenarbeit keine widerlegliche Vermutung, die finanzierende Bank habe von einer sittenwidrigen Überteuerung der finanzierten Immobilie Kenntnis gehabt. In einem weiteren Beschluss[96], mit dem eine Beschwerde gegen die Nichtzulassung der Revision zurückgewiesen wird, legt der XI. Senat noch einmal nach und formuliert, „etwas anderes ergebe sich auch nicht aus dem [oben zitierten] Urteil vom 17.10.2006", das – allerdings als obiter dictum – genau das Gegenteil besagt. Die Gründe für seine Kehrtwende erläutert der XI. Senat nicht; jene Gründe bleiben im Dunkeln.

Das **Dritte Bild** des **Dritten Akts** blickt in die Zukunft:

Nachdem der XI. Senat die Evidenz der Täuschung gefordert hat, um eine Haftung der Badenia aufgrund widerleglich vermuteter Kenntnis von der Täuschung und der daraus folgenden Verletzung der Aufklärungspflicht zu begründen, überlässt er in seiner Entscheidung vom 27.05.2008[97] die Feststellung der Evidenz ausdrücklich dem Tatrichter mit der Begründung, dass jener Feststellung die Würdigung des Einzelfalls zugrunde liege. Das ist zwar grundsätzlich richtig. Folge davon ist aller-dings, dass die Würdigung des Einzelfalls durch den Tatrichter zu völlig unterschiedlichen Ergebnissen führt. Eine Rechtsvereinheitlichung findet nicht statt; „Grenzwerte" werden vom XI. Senat nicht festgelegt.

Ist die evidente Täuschung vom Tatrichter festgestellt, eröffnet sich die Möglichkeit für die Badenia, die Vermutung zu widerlegen, dass sie Kenntnis von jener Täuschung gehabt hat.[98] Da ein Strafverfahren gegen

---

95 BGH, Urt. v. 23.10.2007 – XI ZR 167/05, WM 2008, 154, 156.
96 BGH, Beschl. v. 29.1.2008 – XI ZR 97/07, Umdruck S. 2.
97 BGH, Urt. v. 27.5.2008 – XI ZR 132/07, WM 2008, 1260, 1262.
98 Aus diesem Grund hat der XI. Senat in jüngster Zeit einige gegen Badenia ergangene Urteile der Oberlandesgerichte aufgehoben, um der Badenia Gelegen-heit zu geben, durch Zeugenvernehmung des ehemaligen Vorstandsmitglieds A., der in den Entscheidungen als Zeuge A. angeführt ist, die vermutete Kenntnis

das seinerzeit verantwortliche Vorstandsmitglied der Badenia eingeleitet worden ist[99] und jenes Vorstandmitglied sich inzwischen auf sein Zeugnisverweigerungsrecht (gemäß § 384 ZPO) beruft,[100] dürfte die Vermutung der Kenntnis von der Täuschung – zumindest derzeit – von der Badenia nicht zu widerlegen sein. Doch es droht in diesem Zusammenhang neues Ungemach. Der Vorhang zu unserem Dritten Bild im Dritten Akt öffnet sich nunmehr:

Auf der Bühne sitzen brav neben- und hintereinander Justiziare von Banken und sogenannte Verbraucheranwälte. Wir schreiben den 12.06.2008 und sitzen in einem Seminar zum Thema Schrottimmobilien, veranstaltet vom Seminardienst der Zeitschrift für Wirtschafts- und Bankrecht.[101] Vor den Seminarteilnehmern referiert ein Richter des XI. Senats und ein Richter des Oberlandesgerichts Karlsruhe aus einem Senat, dessen Spezialzuständigkeit das Thema Schrottimmobilien ist; ferner ein Hochschullehrer, der durch seine Dynamik brilliert. Die Darstellung widmet sich der Frage, unter welchen Voraussetzungen eine arglistige Täuschung über die Höhe der dem Vertrieb insgesamt zufließenden Provision zur Haftung der Bank führt. Der Referent dekliniert das Thema durch. Er kommt zu der Frage, ob der Vermittler vorsätzlich über die Höhe der Provision dadurch getäuscht hat, dass nur ein Teil der vom Vermittler insgesamt eingestrichenen Provision, also nicht die Innenprovision, offengelegt worden ist.[102] Der Referent fragt: haftet die Bank oder haftet sie nicht? Die erstaunten Ohren des Seminarteilnehmers hören:

---

der Badenia von der arglistigen Täuschung der Erwerber durch die Vertriebsmitarbeiter von Heinen & Biege zu widerlegen, vgl. BGH, Urt. v. 3.6.2008 – XI ZR 131/07, Umdruck S. 14, Tz. 22; Urt. v. 27.5.2008 – XI ZR 132/07, Umdruck S. 16, Tz. 27; Urt. v. 18.3.2008 – XI ZR 246/06, Umdruck S. 18 Tz. 31. Die dort angeführte Begründung für die Vernehmung läßt allerdings offen, ob die Badenia die Möglichkeit der Kenntnis anderer Entscheidungsträger im Rahmen ihres Vortrags ausgeräumt hatte. Nur dann könnte es auf die fehlende Kenntnis des „Zeugen A." ankommen.

[99] Vgl. OLG Brandenburg, 3 U 100/06, Umdruck S. 17; Badische Neueste Nachrichten vom 30.6.2008, S. 4.

[100] Vgl. OLG Brandenburg, 3 U 100/06, Umdruck S. 17; Die Vernehmung von Vorstandsmitglied A. vor dem Landgericht Bochum, LG Bochum, Protokoll der Sitzung vom 30.1.2007 im Verfahren 1 O 643/04, erfolgte ausschließlich zur Höhe der im Kaufpreis versteckten Innenprovisionen und lag zeitlich vor dem Berufen auf das Aussageverweigerungsrecht.

[101] Das Seminar fand am 12.6.2008 in Eschborn/Taunus unter dem Titel „Schrottimmobilien – eine unendliche Geschichte?" statt.

[102] Vgl. dazu die Rechtsprechung des XI. Senats, die im Falle von Fondsbeteiligungen eine Aufklärungspflicht der Bank statuiert, wenn die Bank positive

Die Pflichtverletzung des Vermittlers besteht in einem Unterlassen. Der Vermittler müsste demnach, um rechtswidrig zu handeln, gewusst haben, dass er den Erwerber über die Höhe der insgesamt gezahlten Provision aufklären muss. Im Zivilrecht führt ein Verbotsirrtum zum Ausschluss des Vorsatzes. Es kommt also konkret darauf an, ob der Vermittler seine Aufklärungspflicht kannte. Die aber hat die Rechtsprechung erst viel später kreiert. Es spricht also vieles dafür, dass es an einem schuldhaften Handeln des Vermittlers und damit an einer Haftung der Bank fehlt.[103]

Das Licht auf der Bühne erlischt. Beklemmung erfasst das Publikum. Dann leuchtet plötzlich ein Scheinwerfer auf. Er lenkt im rechten Eck den Blick auf zwei ergraute Professoren, die Rechtswissenschaft lehren, von denen der eine dem anderen zuraunt:

Verbotsirrtum? Verbotsirrtum im Zivilrecht? War das nicht das, was wir unseren Studenten gar nicht erst beigebracht haben, weil die Rechtsprechung das Vorliegen eines entschuldbaren Verbotsirrtums stets abgelehnt hat?[104]

Der Scheinwerfer erlischt. Der Vorhang senkt sich. Das Show-Girl springt auf die Bühne und trommelt auf die Menge ein:

„Bank muss man sein!"
„Bank muss man sein!"

Kenntnis davon hat, dass der Anleger von den Prospektverantwortlichen über die Werthaltigkeit des Fondsanteils arglistig getäuscht worden ist, indem aus seiner Einlage über die im Prospekt ausgewiesenen Vertriebskosten hinaus weitere Provisionen gezahlt werden, BGH, Urt. v. 10.7.2007 – XI ZR 243/05, WM 2007, 1831, 1832.

[103] Vgl. dazu die Seminarunterlagen im Skript des Referenten S., Folie 27 – Täuschung über Provision II; ähnlich auch schon BGH, Urt. v. 5.6.2007 – XI ZR 348/05, WM 2007, 1367, 1369.

[104] Selbst in der 1987 erschienenen Dissertation von Kuhls, Der Verbotsirrtum im Zivilrecht, lassen sich von der Rechtsprechung entschiedene Fälle zum zivilrechtlichen Verbotsirrtum nur mühsam finden. Beispiele, in denen die Rechtsprechung sich mit dem Verbotsirrtum im Zivilrecht befasst hat (und einen solchen im Ergebnis stets verneint hat), sind etwa BGH, Urt. v. 21.9.1959 – III ZR 103/58, BGHZ 30, 374; Urt. v. 26.2.1962 – II ZR 22/61, NJW 1962, 905; Urt. v. 1.12.1981 – VI ZR 200/80, VersR 1983, 1155; Urt. v.10.7.1985 – VI ZR 222/82, NJW 1985, 134.

VI.

Das ist die Geschichte von einem der auszog, das Fürchten zu lernen. Sie verfolgt nicht das Ziel, den XI. Senat des Bundesgerichtshofes oder auch nur eines seiner Mitglieder zu diskreditieren. Unsere Geschichte zeigt lediglich die Verwerfungen auf, denen wir begegnen, wenn sich die Rechtsprechung nicht darauf versteht, die Folgen struktureller Ungleichgewichte auszubalancieren.

www.ingramcontent.com/pod-product-compliance
Lightning Source LLC
Chambersburg PA
CBHW080209220326
41518CB00037BB/2557